Vente du Vendredi 22 Février 1907

HÔTEL DROUOT — SALLE

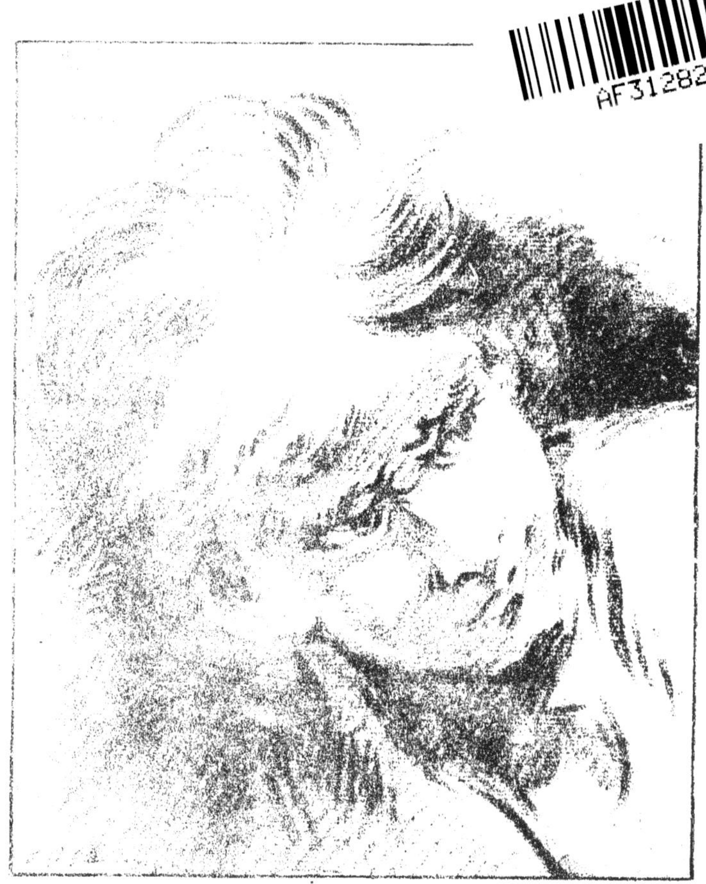

DESSINS

ESTAMPES

M. PAUL ALLARD

M. LOYS DELTEIL

IMPRIMERIE

FRAZIER-SOYE

153-155-157, Rue Montmartre

PARIS

CATALOGUE

DES

DESSINS

ET

ESTAMPES

---

dont la vente aura lieu

à Paris, HOTEL DROUOT, Salle N° 8

Le Vendredi 22 Février 1907

à 2 heures précises

Par le ministère de
M· PAUL AULARD, Commissaire-Priseur
6, Rue St-Marc

Assisté de M. LOYS DELTEIL, Artiste-Graveur, **Expert**
22, rue des Bons-Enfants

CONDITIONS DE LA VENTE

Elle sera faite au comptant.

Les adjudicataires paieront *dix pour cent* en sus des prix d'adjudication.

M. Loys Delteil remplira les commissions que voudront bien lui confier les amateurs ne pouvant y assister.

MM. les amateurs pourront visiter la collection, 22, *rue des Bons-Enfants*, du Vendredi 15 Février au Jeudi 21, de 2 heures à 5 heures (*le Dimanche excepté*).

CHANGEMENT D'ADRESSE

N.B. — A dater du 1er mars prochain, notre adresse sera 2, *rue des Beaux-Arts* (angle de la rue de Seine).

DESIGNATION

DESSINS

ANONYME (XVIIIe SIÈCLE)

1. Château de l'Isle-Adam, 2 vues — Château de Villers-Cotterets. Trois dessins à la plume, lavés d'encre de chine et dédiés au Duc d'Orléans et P^{ce} de Conty.

BECCAFUMI (Domenico)?

2. Prophète. A la plume, lavé de sépia.

BELLANGE (Jacques)

3. Mater Dolorosa. A la plume, lavé de bistre. *Signé* et daté : 1607.

BOUCHER (Ecole de F.)

4. Étude de Femme. Crayon noir et sanguine.

BOUCHER (d'après F.)

5. Les Petits Batailleurs. Au crayon noir, rehauts de blanc.
6. Une Source. A la sanguine.

CARRACHE (Augustin)

7. Un Pape remettant un bref à un Religieux. A la plume, lavé de bistre.

COCHIN FILS (C. N.)

8. Allégorie funèbre. A la sanguine. *Signé.*

COURTOIS (Guillaume)

9. L'Ensevelissement des morts. A la plume.

DIEU (Antoine)

10. Sacrifice antique. Plume et encre de chine, *signé.*

DIVERS

11. Un Moine, attribué à Spranger — Sujets divers. Trois dessins encadrés.

12. Joueurs de cartes — Têtes de Femmes. Trois dessins.

13. Mme Favart — Colata — Personnages regardant une figure de géométrie. Trois dessins, deux rehaussés d'aquarelle.

14. Sujets divers et Paysages. Environ 40 dessins.

15. Sujets divers et Paysages, 15 dessins anciens et modernes.

16. Sujets divers et Paysages, 16 dessins anciens et modernes.

17. Sujets divers et Paysages, 11 dessins, la plupart anciens.

18. Sujets divers. Cinq dessins par ou attribués à Ribera, Panini, de La Rue, etc.

DELARUE ?

19. Décoration d'appartement, époque Louis XVI. A la plume, lavé d'encre de chine et légèrement rehaussé.

DU BOURG (L. F.)

20. Plafond. A la plume, lavé d'aquarelle. *Signé* des initiales et daté : 1743.

ECOLES ANCIENNES

21. Dix dessins attribués à divers artistes.

ECOLES ALLEMANDE ET FLAMANDE

22. Sujets divers. Six dessins par ou attribués à Hollar, Musscher, etc.

ECOLE FRANÇAISE (XVIII° SIÈCLE)

23. Sujets divers et Paysages. Six dessins par ou attribués à La Rue, Natoire, Vernet, Vanloo, etc.

ECOLE ITALIENNE (XVI° ET XVII° SIÈCLES)

24. David — Personnage lauré. Deux dessins à la plume, l'un attribué à Salviati.
25. Sujets divers. Huit dessins par ou attribués à N. Lapi, P. Testa, P. del Vaga, Cignani, etc.

EMPOLI (Jacopo da)

26. Étude d'Enfant. Dessin encadré.

GRIMALDI (G. F.) dit le Bolognèse

27. L'Anachorète. A la plume.

HILAIRE (Jean-Baptiste)

28. Vue des ruines de Milet et du cours du Méandre. Aquarelle.

HUET (J. B.)

29. Tête de jeune Garçon. Au crayon brun. *Signé* et daté : 1769. Collection C. N. Varin.

LAGRENÉE (J. F.)

30. S¹º Famille environnée d'Anges. A la plume, lavé de bistre.

LANTARA

31. Paysage. Dessin sur vélin.

LEBLANC (FIN DU XVIII° SIÈCLE)

32. Paysages et Marines. Quatre aquarelles.

LE MOINE (F.)

33. Scène mythologique. A la pierre noire, rehauts de blanc.

LEPRINCE (J. B.)

34. Le Récit. A la plume, lavé de bistre, de forme ovale.

35. La Clochette. A l'encre de chine, avec rehauts de blanc. *Signé* et daté : 1756.

MOUCHERON

36. Le Monument en ruine. A la plume.

PEYRON (P.)

37. *Les mains pures de l'innocence, l'amitié reçoit les tribus et les hommages qui lui sont dus.* Dessin à la plume, lavé de sépia et dédié par Peyron, à Mme Guillaumot.

PALME LE JEUNE (J.)

38. La Prédication. Plume et encre de Chine. Daté : 1628.

POUSSIN (Nicolas ?)

39. Dessin à la plume, lavé de bistre, d'apr. un bas-relief antique.

ROBERT (Hubert)

40. Intérieur de villa en Italie. A la sanguine.

ROBERT (Hubert) ?

41. Les Blanchisseuses. A la plume, rehaussé.

SWEBACH-DESFONTAINES (J.-F.-J.)

42. Le Café des Patriotes. Très belle et très importante aquarelle, *signée* et datée : 1790. A été gravée en contre-partie par J.-B. Morret.

43. Le Café des Aristocrates. Très belle et très importante aquarelle, *signée* et datée : 1790. Pendant de l'aquarelle précédente.

TARAVAL (L. Gustave)

44. Projet de théâtre à Paris? Gravure lavée d'encre de chine et rehaussée d'aquarelle. *Signé.*

45. Projet d'un Temple. Plume et encre de chine. rehauts. *Signé.*

TIEPOLO (Domenico)

46. Jésus ressuscitant la fille de Jaïre. A la sépia. *Signé*.
47. Ravissement de St Paul. Plume et encre de chine. *Signé*.

TITIEN (attribué au)

48. Paysage. A la plume. Encadré.

VOS (Martin de)

49. Jésus consolant les prisonniers. A la plume, lavé d'encre de chine. *Signé* et daté : 1582.
50. Le Grand Cyrus. Plume et bistre, a été gravé.

ZUCCHERO (Taddée)

51. L'adoration des Mages. A la plume, lavé d'encre de chine. *Signé*.
52. Etudes de Vierge. A la plume. Encadré.

ESTAMPES

BALLONS (Estampes sur les)

53. Expérience de MM. Charles et Robert, 1er X[bre] 1783, aux Tuileries, par N. De Launay. — 2e Expérience de MM. Robert frères, à St Cloud, 15 juillet 1784 — Portrait de Charles, 2 états l'un avec le nom *gravé* de M. de Villette. Planche par A. F. Sergent. Cinq pièces. Belles épreuves.

BEAUVARLET (J. F.)

54. Le Comte d'Artois et Mlle Clotilde, d'après Drouais. Très belle épreuve.
55. L'Histoire d'Esther, d'après F. de Troy. Quatre pièces (d'une suite de 7 pl.). Bonnes épreuves.

BÉJOT (Eugène)

56. St Gervais. Très belle épreuve, *signée*. Rare.

BERGHEM (N.)

57. La Vache qui pisse (B. 2). Belle épreuve.

BOUCHER (d'après F.)

58. Jupiter et Calisto, par R. Gaillard — Jupiter et Léda — La Baigneuse surprise. 2 pl., par Degmair. Ensemble trois pièces.

59. Les Éléments, par Daullé (3 pl. d'une suite de 4). Bonnes épreuves.

60. Tour près de Blois — Pont des Lavandières, Clos Payen — Colombier — L'Aqueduc. Quatre pièces par Chedel. Très belles épreuves, *une avant toute lettre.*

61. Têtes de Femmes. Cinq pièces par Bonnet et Demarteau, tirées en sanguine, trois en très belles épreuves.

62. L'Amour moissonneur — La petite Moissonneuse — Bacchante, etc. Six pièces, par Lépicié, Demarteau. etc., quatre tirées en sanguine.

63. Sujets divers. Sept pièces par Fessard, Gaillard, etc.

64. Sujets divers. Sept pièces par Ryland, Duflos, Daullé, Haïd.

BOUCHER et CARESME (d'après)

65. L'Oiseau Privé — La Colombe Chérie. Deux pièces par Flipart, faisant pendants. Très belles épreuves.

BRACQUEMOND (F.)

66. Les Puiseuses d'eau, d'apr. Millet. Superbe et très rare épreuve, *signée* avec la *remarque inédite.*

CAIN (d'après Georges)

67. L'Etalagiste, scène du Directoire, par F. Petitjean. Très belle épreuve sur *parchemin, signée.*

CALLOT (Jacques)

68. Les deux grandes Vues de Paris (713-714). Belles
épreuves *avant l'adresse*.

69. Le Louvre et la Tour de Nesle (713). Belle épreuve
avant l'adresse.

70. Les petites Misères de la guerre (557-563). Suit
complète de 7 pl. Belles épreuves.

71. Sujets divers. 24 pl. Originaux et copies.

CHAHINE (Edgar)

72. Le Chemineau. Très belle épreuve *imp. en couleurs, signée et numérotée*. Très rare.

CHARDIN (d'après J. B. S.)

73. Le Château de cartes — Le Garçon cabaretier —
Marguerite Pouget. Trois pièces par S. Duflos,
C. N. Cochin et Chevillet, deux en belles
épreuves.

COCHIN (C. N.)

74. La Live de Jully, par lui-même — Hervey (Mme) —
Pellerin (J.), *avant la lettre* — Seguier (A. L.) —
Duclos (C.) — Caffiéry (J. J.) — Brosses (Ch. de).
Sept pièces par Cochin, St Aubin, La Live et
Watelet. Très belles épreuves.

COSTUMES

75. *Uniformes de l'Infanterie Françoise et Étrangère
tel quel est aujourd'hui,... 1779*. Grand in-fol.
par L. Berthe. Trè belle épreuve. Rare.

76. *Uniformes de la Cavalerie Française et Étrangère,
Dragons et Hussards, 1779*. Grand in-fol. par
L. Berthe. Très belle épreuve. Rare.

77. Le Cheval en main — Mameluck chargeant l'en-
nemi, 2 pl. par Levachez, d'apr. C. Vernet —
Cavaliers, 2 pl. par Demarteau, d'apr. Parrocel —
*Les Habitants de Vienne distribuent des secours
aux blessés François*, par Gros, d'apr. Gauer-
mann. Cinq pièces. Belles épreuves, *une imp. en
couleurs*.

DAUMIER (H.)

78. Barbé-Marbois (Hazard et Loys Delteil 11). L'une des fort rares épreuves publiées dans le *Charivari*.

79. Berger (17). Très belle et forte rare épreuve du 1er état.

80. Glais-Bizoin (89). Très belle et fort rare épreuve du 1er état.

81. Grandin (92). Très belle et fort rare épreuve du 1er état.

82. Lacrosse (Th.) (107). Très belle et fort rare épreuve du 1er état.

83. L'Ivrogne (532). Très belle épreuve (texte au verso).

84. Tête d'homme. Unique essai d'eau-forte de Daumier, sur un cuivre auquel ont également collaboré, Rops, Taiée et Harpignies. Très belle épreuve sur chine, rare.

DAUMIER - CHAM

85. Caricatures politiques. Quarante-et-une pièces.

DEBUCOURT (P. L.)

86. — *Siècle de Louis XV, une Soirée chez M*^{me} *Geoffrin (en 1755)*, d'apr. Lemonnier (M. Fenaille 502). Très belle épreuve.

DEGAS (d'après)

87. Danseuse, fac-simile de pastel.

DEMARTEAU (G.)

88. Satyres et Bacchantes, d'apr. Caresme. Belle épreuve tirée en 2 tons,

89. Huit pièces d'apr. Boucher, Eisen et Le Prince, tirées en sanguine.

90. Huit pièces d'apr. Boucher, St-Quentin, Le Clerc et Cochin, par Demarteau, Bonnet et Briceau, tirées en sanguine.

DEMARTEAU-BONNET

91. La Justice protège les Arts — La Chasse de l'Amour. — Etude du Dessin — Tête de jeune Femme. Quatre pièces d'apr. Cochin, Le Clerc et Vanloo. Belles épreuves *tirées en sanguine*.

92. Sujets divers. Sept pièces, d'apr. Boucher, Cochin. Belles épreuves, tirées en sanguine, une en 2 tons.

DENON (D. V.)

93. Portrait de jeune Femme. Belle épreuve.

DESBOUTIN (M.)

94. Desboutin, par lui-même, de 3/4 à gauche — Rochefort (Henri). Deux pièces in-fol., la seconde *signée*.

DETAILLE (Edouard)

95. Cuirassier. Très rare épreuve d'*état, signée*.

96. Chasseur à cheval — Trompette de chasseurs. Deux pièces *avant la lettre, signées*.

DIVERS

97. L'Antiquaire — Méditation. Deux pièces par S. W. Reynolds, d'apr. Bonington, épr. *avant la lettre* — Le Pont Notre-Dame, par Probst — Perspective des fêtes, etc., sur la Seine à l'occasion de la Paix (vue d'optique). Quatre pièces. Belles épreuves.

98. Le Serment du Jeu de Paume, par Jazet, d'apr. David — Sujets de genre. Quatre p. gr. in-fol.

99. Sujets divers — Portraits — Almanachs — Allégories. Onze pièces par Drevet, Wille, David, Colibert, etc.

100. Sujets divers — Singeries — Batailles, etc. Quinze pièces.

101. Vingt-cinq pl. anciennes et modernes.

102. Paysages anciens. Trente pièces.

103. Sujets religieux. Cinquante-neuf pl. par ou d'apr. Durer, Rembrandt, Callot et autres.

104. Vignettes, paysages, etc., 65 pl. anc. et modernes.

105. Sujets divers. Soixante-six pl. par ou d'apr. Rembrandt, Vliet, Callot, Sadeler, etc.

DREVET (P.)

106. Lambert (N.), d'apr. N. de Largillière (80). Très belle épreuve.

107. Ville (A. de), d'apr. Santerre. Très belle épreuve. Rare.

DULAC (C. M.)

108. Sœur Marie-Madeleine, assise. Superbe épreuve tirée sur teinte, *signée*. Rare.

DURER (Albert)

109. S' Jérôme faisant pénitence (B. 61). Très belle épreuve, signée au verso ; *P. Mariette, 1680*.

110. L'Enlèvement d'Amymone (B. 71). Très belle épreuve rognée dans le haut (petite restauration dans le bas).

111. L'Enlèvement d'une jeune Femme (72). Belle épreuve.

DYCK (d'apr. Ant. van)

112. Geest (C. van der), par Pontius. Belle épreuve avec l'adresse d'Enden.

113. Rubens — S. de Vos — E. Puteanus. Trois pièces par Pontius et P. de Jode, deux *avec l'adresse d'Enden*.

EAUX-FORTES et LITHOGRAPHIES

114. Sujets divers et Paysages. Sept pièces par Boilly, Bracquemond, Daubigny, etc.

ECOLES ANCIENNES

115. Dieu le Père apparaissant à Noé, par Marc-Antoine, d'apr. Raphaël. Allégorie sur la mort, bois de H. S. Beham — Les Brebis, par A. van de Velde, etc. Quatre pièces.

116. Sujets divers. Onze pièces par Marc-Antoine, Wohlgemuth, L. Daven, Hollar, etc., plusieurs rares.

ECOLES FRANÇAISE et ANGLAISE (xviii° siècle)

117. Le Maître de musique, par Coquerel, d'apr. Lebrun — Conventions de Mariage, par Le Beau — La Coquette, par Beljame. Trois pièces, deux en belles épreuves.

118. La jeune Nourrice — La Fleuriste — A captiver un cœur.... — La Savante. Quatre pièces d'apr. Greuze, Raoux et Jeaurat. Belles épreuves.

119. S' Gille's beauty — L'Amour Précepteur — La Folie — Oh ! che gusto ! Quatre pièces, d'apr. Huet, Coypel, Benwell et Sicardi. Belles épreuves (la 1ʳᵉ sans marges).

120. Le Souhait de la Bonne année, par Le Bas, d'apr. Canot — *A un sou mes deux poignées de Prime-roses — Nymphes adorning Pan* — Le Négligé ou toilette du matin — L'Enfantillage. Cinq pièces d'apr. Wheatley, A. Kauffman, Chardin et Huet. Bonnes épreuves.

121. Foire de campagne — Le Premier baiser de l'Amour — Heureux âge — La Reconnaissance de Fonrose, etc. Six pièces d'apr. Watteau, Schall, Aubry, Eisen.

122. L'Espagnolette — Le Colin-Maillard — Vite cachez ces appas, etc. Six pièces d'apr. Queverdo, Coypel et autres.

123. Sujets gracieux. Six pièces de forme ovale.

124. Sujets gracieux. Sept pièces d'ap. Wheatley, Coypel, Cipriani et autres, plusieurs *impr. en couleurs.*

125. Je suis toujours guidé par la fidélité — La Tendresse — Le Midy — La Belle Nourrice — Henri IV chez Michau, etc. Huit pièces d'apr. Lagrenée, Ch. Eisen, Parizeau, etc., plusieurs *imp. en couleurs* et *en sanguine*.

126. Le Choix de la coiffure — Perspective de l'Ecole militaire — Motif principal du plan de Reims, *épr. av¹ l. l.* — Le petit oiselier — Les Plaisirs de la jeunesse d'ap. Watteau, etc. Huit pièces, *une impr. en couleurs*.

127. Fanfan, par M¹¹ᵉ Gérard — La Poule au pot — L'Amour se plaît au coin du feu. Sujets divers. Dix pièces.

128. Sujets divers — Vues de Suisse, etc. Dix pièces par Janinet, Petit, Vidal, etc., plusieurs *imp. en couleurs*.

EDELINCK (Gérard)

129. Du Lauri, d'ap. Van Ost (188) — Tortebat (F.), d'ap. de Piles. Deux pièces. Très belles épreuves.

FICQUET (E.)

130. Descartes, Corneille, La Fontaine, Molière, Crébillon, Chênevières, etc. Huit pièces, épr. anciennes.

FRAGONARD (d'après H.)

131. Le petit Prédicateur — L'Education fait tout. Deux pièces par N. De Launay, faisant pendant. Très belles épreuves.

FRAGONARD et CARESME (d'après)

132. Le Refus inutile — La Colombe chérie. Deux pièces par Flipart. Belles épreuves.

GAILLARD (C. F.)

133. Pie (Mgr). Très belle épreuve sur chine, avec *dédicace*.

GAUTIER-DAGOTY (Louis)

134 L'Enfant prodigue, d'apr. le Guerchin. In-fol. Très belle épreuve *imp. en couleurs*. Rare.

GAVARNI

135. A Higland Piper (1567). Très belle épreuve.

136. Tête d'Androgyne. Très belle et forte rare épreuve du 1ᵉʳ état.

GAVARNI — MERYON — DE DREUX, etc.

137. Sujets divers et Paysages. Onze pièces, la plupart en belles épreuves.

GÉRARD (d'après Mᵉˡˡᵉ Marg.)

138. L'Elève intéressante, par Vidal. Belle épreuve du 1ᵉʳ tirage.

139. L'Espoir du Retour, par H. Gérard. In-fol. Très belle épreuve.

GREUZE (d'après J. B.)

140. L'Accident imprévu, par R. De Launay. Epreuve avant la dédicace.

HALL (J.) — WOOLETT (W.)

141. *The Battle of the Boyne — The Battle at la Hogue.* Deux pièces in-fol. d'après B. West, faisant pendants, 1781. Très belles épreuves.

HELLEU (P.)

142. Chéruit (Mᵐᵉ). Très belle épreuve, *signée*.

143. Mᵐᵉ X., assise, tournée à droite. Très belle épreuve, *signée*.

HOPFER (les)

144. Sujets religieux et mythologiques — Costumes. Neuf pièces (y compris 2 copies), la plupart en belles épreuves.

JANINET (J. F.)

145. Vues de Paris. Dix pièces ovales. Belles épreuves, *impr. en couleurs.*

JEAURAT (d'après E.)

146. La Place des Halles — La Place Maubert. Deux pièces in-fol. par Aliamet, faisant pendants. Belles épreuves (doublées).

JEGHER (C.)

147. Suzanne et les Vieillards, d'ap. Rubens. Gr. in-fol.

LAEMLEIN (A.)

148. Portrait, d'apr. Mme Alaux. Lith. *non décrite*. Belle épreuve sur chine. Rare.

LA FONTAINE (Contes de)

149. La Courtisane amoureuse, par Filleul — Le Baiser donné, d'après Pater. Deux pièces in-fol.

LAJOUE (d'après J.)

150. Dessus de portes, par Cochin et Tardieu, 7 pl. d'une suite de 12.

LAVREINCE (d'après N.)

151. La Proposition (*A Paris chez Dumarais*). Petite pièce anonyme, de forme ronde. Très belle épreuve. Rare.

LE CLERC (d'après)

152. L'Abbé en conqueste. Bonne épreuve.

LE GRAND (Aug.)

153. Almeïda. In-4 de forme ovale. Très belle épreuve, *imp. en couleurs.*

LEGROS (Alph.)

154. Berenice, conte de Poe (152). Très belle épreuve.

LE ROY (d'après)

155. La Pensée, par A. Legrand. Très belle épreuve *avant la lettre*, tirée en bistre.

LEYDE (Lucas de)

156. Esther devant Assuérus (B. 32). Belle épreuve.

157. La Vieille à la grappe de raisin (151). Belle épreuve.

158. L'Opérateur (157). Bonne épreuve.

LITHOGRAPHIES

159. Etudes de Chevaux, par Géricault — Mazeppa, la Fiancée d'Abydos, par Géricault et Lami — Sujets divers, par Charlet, H. Vernet et C. Roqueplan. Treize pièces. Belles épreuves.

LOYSI (J. de)

160. *Représentation du précieux Sainct Suaire...... estant en la Citez de Besançon.* Belle épreuve tirée sur etoffe. Rare.

LUNOIS (A.)

161. Fête sur le Guadalquivir. Très belle épreuve, *imp. en couleurs, avec remarque, signée.*

MALLET (d'après)

162. *Par ici !* par Copia. Belle épreuve.

MARTINI (P. A.)

163. Exposition au Salon du Louvre en 1787. Bonne épreuve.

MARTINI et LE BAS

164. Première vue de l'Ile Barbe, au-dessus de Lyon, d'apr. Olivier. Grand in-fol. Belle épreuve (petite restauration).

MASSON (Ant.)

165. Dupuis (P.), d'apr. N. Mignard. Très belle épreuve.

MELLAN (Cl.)

166. Dreux d'Aubray (M. 183) — Fouquet (N.) (187),
1er état (sans marge). Deux pièces. Belles épreuves.

MERYON (Charles)

167. La Tour de l'Horloge. Bonne épreuve.

168. La petite Pompe — Vers à Eugène Bléry, rare.
Deux pièces. Belles épreuves.

169. Tour de l'Horloge — Bain-froid Chevrier — Pavillon de Mademoiselle, d'après Zeeman. — Passerelle du Pont-au-Change après l'incendie de 1621.
Quatre pièces. Belles épreuves.

169 *bis*. Meryon, par Bracquemond (héliogravure) et
Flameng — Marines, d'apr. Zeeman — J. Besly
— Tourelle de Marat. Six pièces. Belles épreuves.

170. Vues, paysages etc. Six pièces

MILLET (J.-F.)

171. La Couseuse (Loys Delteil 9). Très belle épreuve
du 2e état, *avant la marque de l'étau*.

172. La Barratteuse (10). Très belle épreuve. Collection A. Barrion.

173. Le Paysan rentrant du fumier (11). Superbe et
très rare épreuve du 1er état, *avant l'adresse de
Delâtre*.

MOREAU d'après (J. M.)

174. Le Premier baiser de l'Amour, par N. Le Mire.
Très belle épreuve, *avant la lettre*.

175. Derniers moments de J. J. Rousseau, par H. Guttenberg. Très belle épreuve *avant la lettre*,
avec la mention manuscrite : *pour M. Varin le
jeune*.

NANTEUIL (R.)

176. Mazarin (180). Très belle épreuve du 1er état.

176 *bis*. Scudéry (G. de) (221). Très belle épreuve.

177. Séguier (P.) (223). Très belle épreuve du 2e état (sur 3).

178. Servien (A.) (224). Très belle épreuve du 1er état.

179. Le même portrait. Belle épreuve du même état.

ORNEMENTS

180. Ornements anciens. Vingt-et-une pièces par Roupert, Ducerceau, Dupérac, Le Blond, etc. plusieurs rares.

PENCZ (G.) — ALDEGRAVER (H.)

181. Joseph et la femme de Putiphar (12) — Virginius (84) — Les deux Vieillards lapidés (33) — Danseurs de noce, pl. 6. Quatre pièces. Très belles épreuves.

PIÈCES HISTORIQUES

182. Plan du Combat Naval de la flotte Russe commandée par le Cte Orlow contre la Flotte ottomane, 5 juillet 1770. — Destruction de la Flotte ottomane, le 7 juillet 1770. Deux pièces in-fol. Belles épreuves, *coloriées*. Rares.

PORTRAITS

183. Houasse (R. A.) — Galloche (L.) — Leramberg (L.(— Troy (J. B. F. de) — Jeaurat (Et.). Cinq pièces par Trouvain, Muller, N. De Launay et Lempereur. Très belles épreuves.

184. Ferdinand II, de Hongrie — Rhin (Catherine Charlotte, et Catherine Constance, Psses palatines du) — Léopold, archiduc d'Autriche — Ferdinand d'Autriche, — Clauberg (J.) — Boxhorn (M. Z.), etc. Neuf pl. in-fol. par Van Sompel, T. Matham, C. Galle, Pontius et Suyderhoef.

185. Louis XIV, par G. Edelinck, d'apr. de La Haye — Rigaud (H.), par P. Drevet — Boyer d'Aguilles (J. B.), par Vermeulen, d'apr. H. Rigaud — Goodwin (Art.), par Gunst, d'apr. A. van Dyck. — Helvétius, par Alix, d'apr. Vanloo. Cinq pièces in-fol., une *imp. en couleurs*.

186. Stanislas, roi de Pologne, par Alix — Viala par Pitou — Louis XVII, par Bonneville — de Suffren — Mandrin, gravé à Bourg — Basan par Choffard, etc. Huit pièces, la plupart en très belles épreuves.

186 *bis*. Thou (J. A. de) — Sevin (N.) — Noailles (J. A. de) — Pellerin (J.) — Thaumasius (G.) — Suze (L. de) — Seguier (P.) — Rubens et Van Dick — Freher (M.). Treize pièces par Edelinck, Schuppen. Mellan, Couray, Cachin, etc.

187. Trente-neuf portraits anciens et modernes.

QUEVERDO (d'après F. M.)

188. Jugement de Pâris — Les Amusements de l'Hiver — Je blesse mais je guéris — La Terre — Le Feu. Cinq pièces par Dambrun, Patas et Basan, épreuves anciennes.

RAFFET (A.)

189. Combat d'Oued-Alleg (H. G. 82). Belle épreuve.

190. Italie, 1796 (410). Très belle épreuve.

191. Retraite de Constantine, pl. 1, 3, 4 et 6 — Prise de Constantine pl. 2 à 4, 7 à 10 et 11. Ensemble douze pièces. Belles épreuves du 1er tirage, sur chine.

191 *bis*. Voyage dans la Russie méridionale et la Crimée, 29 pl. Très belles épreuves, sur chine.

192. Bonaparte — Bautzen — Vive l'Empereur !!! — Je n'tire pas — Attention ?, etc. Sept pièces. Belles épreuves.

193. Costumes — Voyage dans la Russie méridionale, etc. Quatorze pièces.

RANFT (Richard)

194. Une Loge. Très belle épreuve d'état, *imp. en couleurs, signée*. On y a joint un dessin à la plume, par Gerbault et une reproduction d'une pointe sèche de Helleu.

REMBRANDT van RYN

195. Abraham renvoyant Agar (B. 30). Belle épreuve.
196. Utenbogaerd (279). Epreuve ancienne.
196 *bis*. Coppenol (283). Belle épreuve.
197. Menasseh-ben-Israel. Très belle épreuve.

RENOUARD (Paul)

198. Escalier des Classes - Danseuse assise. Deux pièces. Très belles épreuves, *signées*.

REYNOLDS (d'après Joshua)

199. Portrait de jeune Femme (*Passer mortuus est...*), par J. Watson. Belle épreuve (sans marge sur 3 côtés).

RUBENS (d'après P. P)

200. Sujets religieux. Quatre pl. par Bolsvert, Dalen et Galle.

SCHENAU et SHERWIN (d'après)

201. La Mère qui intercède — Le Retour désiré, par Duflos. — La Danse de Village et pendant, par Chaponnier, *impr. en couleurs*. Quatre pièces. Bonnes épreuves.

TABATIERES (Dessus de)

202. Têtes de Femmes. Cinq petites pièces de forme ronde, une par Vangélisti, d'apr. Peeters, deux tirées en bistre.
203. Sujets gracieux. Six petites pièces de forme ronde, plusieurs *imp. en couleurs*.
204. Sujets divers — Temple antique. Sept petites pièces, plusieurs *imp. en couleurs*.

TIEPOLO (D.)

205. La Fuite en Egypte. Deux pièces. Très belles
épreuves.

VERNET (Horace)

205 *bis*. Vernet (Carle), 1817 (B. 3). Très belle et rare
épreuve du 1ᵉʳ état, *avant la lettre*.

WATTEAU (d'après Ant.)

206. *Coquettes qui pour voir galans*.....par Thomassin
fils. Très belle épreuve.

WATTEAU de LILLE (d'apr.)

207. L'Attente, par L. Perrot. In-fol. de forme ovale.
Belle épreuve.

WEST (d'après B.)

208. *Romeo und Julie*, par D. Berger. In-fol. Très belle
épreuve *à la lettre grise*, tirée en bistre.

ZAGEL (M.)

209. Lueur et obscurité. Bonne épreuve.

210. Sous ce nᵒ il sera vendu des estampes non cata-
loguées.

www.ingramcontent.com/pod-product-compliance
Ingram Content Group UK Ltd.
Pitfield, Milton Keynes, MK11 3LW, UK
UKHW031711170726
13836UKWH00001B/178